Die Ursachen des Bocskay-Aufstandes (1604-1606)

Melih Kemerli

Bibliografische Information der Deutschen Nationalbibliothek:

Die Deutsche Nationalbibliothek verzeichnet diese Publikation in der Deutschen Nationalbibliografie; detaillierte bibliografische Daten sind im Internet über http://dnb.d-nb.de abrufbar.

ISBN: 9783389033814
Dieses Buch ist auch als E-Book erhältlich.

© GRIN Publishing GmbH
Trappentreustraße 1
80339 München

Druck und Bindung: Books on Demand GmbH, Norderstedt Germany
Gedruckt auf säurefreiem Papier aus verantwortungsvollen Quellen

Das vorliegende Werk wurde sorgfältig erarbeitet. Dennoch übernehmen Autoren und Verlag für die Richtigkeit von Angaben, Hinweisen, Links und Ratschlägen sowie eventuelle Druckfehler keine Haftung.

Das Buch bei GRIN: https://www.grin.com/document/1482189

Friedrich-Alexander-Universität Erlangen-Nürnberg
Department Geschichte
Lehrstuhl für Geschichte der Frühen Neuzeit
Hauptseminar: Der Westfälische Frieden
Sommersemester 2023

Die Ursachen des Bocskay-Aufstandes (1604-1606)

Von Melih Kemerli

Inhaltsverzeichnis

1. Einleitung

„Für das Verständnis der Situation des Fürstentums Siebenbürgen, das in der Zeit um 1600-1605 an der Peripherie beider Kulturräume lag, von denen es auf unterschiedliche Art und Weise beeinflußt wurde, ist das Verständnis von staatlichen und gesellschaftlichen Strukturen sowie Handlungsmustern der politisch aktiven Gruppen und Schichten beider Seiten unerläßlich."[1]

Anfang des 17. Jahrhunderts grenzt das Fürstentum Siebenbürgen im Westen an osmanisches Herrschaftsgebiet, im Süden und Osten an die osmanischen Vasallenstaaten der Walachei und Moldau und im Norden an den habsburgischen Teil Ungarns sowie an Polen.[2] Allein geographisch ist darauf zu schließen, dass sich das Fürstentum Siebenbürgen, zwischen Kaiser und Sultan, in der Einflusszone der Habsburger und ebenso der Osmanen befand. Unter Kaiser Rudolf II. kommt es in den Folgejahren nach 1601 zum Versuch der Eingliederung Siebenbürgens in das Habsburgerreich. Dieses Unterfangen wird jedoch 1604 durch die vom Osmanischen Reich gestützte Revolte des oberungarischen Magnaten Stephan Bocskay unterbunden.[3] Schließlich einigten sich 1606 die Habsburger und der zum Fürsten gewählte Bocskay im Wiener Frieden auf die territoriale Integrität des Fürstentums sowie ständische und konfessionelle Freiheiten. Gleichzeitig stellt der Wiener Frieden im zweiten Artikel die Bedingung eines Friedensschlusses zwischen den Habsburgern und der Hohen Pforte und legt den Grundstein für die Beendigung des Langen Türkenkrieges.[4] Dass der Wiener Frieden den Frieden von Zsitvatorok bedingt, zeigt wie sehr miteinander verschränkt die Ereignisse an der osmanisch-habsburgischen Grenze um das Fürstentum Siebenbürgen sind. So können historische Vorgänge in Siebenbürgen am Anfang des 17. Jahrhunderts, wie Arens eingangs betont, nur mit Berücksichtigung der osmanischen respektive der habsburgischen Perspektive und deren Ambitionen bezüglich Siebenbürgens erfasst werden.

---

[1] Meinolf Arens, Habsburg und Siebenbürgen 1600-1605. Gewaltsame Eingliederungsversuche eines ostmitteleuropäischen Fürstentums in einen frühabsolutistischen Reichsverband (Studia Transylvanica, Bd. 27), Köln 2011, S. 3f.
[2] Für Karten des geschilderten Zustands vgl. Volkmer Gerald, Siebenbürgen zwischen Habsburgermonarchie und Osmanischem Reich. Völkerrechtliche Stellung und Völkerrechtspraxis eines ostmitteleuropäischen Fürstentums 1541-1699 (Schriften des Bundesinstituts für Kultur und Geschichte der Deutschen im östlichen Europa, Bd. 56), München 2015, S. 585ff.
[3] Alternative Schreibweisen wie Stefan Bocsai oder István Bocskai sind ebenfalls vorzufinden. Vgl. Bernd Rill, Kaiser Matthias. Bruderzwist und Glaubenskampf, Köln 1999, S. 111. Unter anderen Umständen wird schließlich das Fürstentum Siebenbürgen 1691 in das Habsburgerreich eingegliedert. Vgl. Gerald, Siebenbürgen, S. 486.
[4] Articles of the Peace agreed upon, between the Archduke Mathias, on the Emperours part, and the Deputies of the Lord Botzkay, and of other Lords of Hungarie on the other partie. In like manner, the Articles, and Conditions of Truce, set downe between the Emperour and the great Turke, for 15 years, In: (Hg.) Nathaniel Butter, London 1607, S. 2.

Wie oben angedeutet ist das Schlüsselereignis am Anfang des 17. Jahrhunderts für die habsburgisch-siebenbürgischen beziehungsweise habsburgisch-ungarischen Beziehungen und dem Verhältnis zwischen Siebenbürgen und Hoher Pforte der Bocskay-Aufstand 1604. Im Folgenden wird versucht werden die Ursachen und Beweggründe hinter der Revolte zu analysieren. Ferner stellen sich die Fragen, inwiefern der Aufstand „an der Peripherie beider Kulturräume" mit der Lage Siebenbürgens an der Militärgrenze zusammenhängt und einzelne Akteure zur Eskalation des Konfliktes beigetragen haben. Hierfür wird einleitend die Situation im Fürstentum Siebenbürgen zwischen Kaiser und Sultan unter besonderer Beachtung der konfessionspolitischen Dimension geschildert. Im zweiten Schritt widmet sich die Arbeit der Herausarbeitung der spezifischen Gründe und Ursachen, die Bocskay dazu veranlassten gegen die Habsburger zu revoltieren. Hierbei strebt die Arbeit an die komplexen miteinander verbundenen Dynamiken und Faktoren an der osmanisch-habsburgischen Grenze zu demonstrieren.

2. Das Fürstentum Siebenbürgen zwischen Kaiser und Sultan

Durch die Dreiteilung des mittelalterlichen Königreich Ungarns entstand das weitestgehend eigenständige Fürstentum Siebenbürgen zwischen Kaiser und Sultan. Dieser Prozess begann mit der verheerenden Niederlage des König Ludwig II. gegen die Osmanen bei Mohács 1526. Mit dem Fall des Jagiellonenkönigs Ludwig II. erhoben sich aus dem Hause Habsburg Ferdinand I. und der siebenbürgische Woiwode Johan Szapolyai und beanspruchten beide die ungarische Königskrone.[5] Im Nordwesten Ungarns setzten sich die Habsburger durch, wohingegen Szapolyai im Süden und Osten mit der Unterstützung der Osmanen seine Herrschaft etablieren konnte. In den Folgejahren blieben trotz Bestrebungen des ungarischen Adels und der Habsburger die Gebiete zu vereinen die Lage weiterhin bestehen. Schließlich erkannten Szapolyai und Ferdinand I. im Vertrag von Großwardein 1538 die gegenseitigen Herrschaftsräume an. Zudem sollte nach dem Tod Zapolyais die Herrschaft Habsburg übernehmen, sodass die Teilung Ungarns ein Ende finden sollte. Der potenziellen Ausbreitung der habsburgischen Herrschaftssphäre und möglicherweise noch viel wichtiger dem Verlust Ungarns als Aufmarschgebiet und Pufferzone setzte die Hohe Pforte mit einer

---

[5] Vgl. Joachim von Puttkamer, Blicke auf ein gespaltenes Land. Die ungarische Nation und ihre Geschichte, in: Osteuropa 61, 12 (2011), S. 9-28, S. 13.

4

Offensive im Jahre 1541 entgegen.[6] In diesem Rahmen wurde der flächenmäßig größte Teil Ungarns, samt Hauptstadt Ofen (Buda) von den Osmanen eingenommen und Ungarn dreigeteilt. Ebenso etablierte sich vor diesem Hintergrund das unter osmanische Suzeränität stehende Fürstentum Siebenbürgen. Hierbei schloss das Fürstentum Siebenbürgen die Region Siebenbürgen, sowie die weder unter habsburgischer noch osmanischer Herrschaft stehenden ostungarischen Komitate (*Partes Adnexae de Regni Hungariae*), ein.[7]

Unter osmanischer Oberhoheit stand das Fürstentum Siebenbürgen in einem Vasallenverhältnis mit der Hohen Pforte und war somit Teil des muslimischen Reiches geworden. Formal gesehen aber hörte für die Habsburger das Königreich Ungarn nie auf zu existieren und wurde „von den Habsburgern als den Königen Ungarns beansprucht."[8] Gleichermaßen strebten die siebenbürgischen Eliten und der ungarische Adel, auch nach der faktischen Dreiteilung Ungarns, die Wiederherstellung des Königreich Ungarns an. Trotz regionaler Eigenarten verstanden sich die Bewohner des ehemaligen Königreichs Ungarn als gleichrangige Angehörige einer Gemeinschaft beziehungsweise „Nation", der *Natio Hungarica*.[9] Jedoch beabsichtigten sie kein Königreich Ungarn unter habsburgischem Zeichen und waren nicht dazu bereit, hierfür Autonomie und Selbstständigkeit aufzugeben.[10] Die Schirmherrschaft der Osmanen schien für die siebenbürgischen Interessen für gewöhnlich vorteilhafter zu sein.

Das Bündnis mit dem Sultan forderte vergleichsweise wenig und gewährte weitestgehende Freiheiten. Unter den wenigen Bedingungen der osmanischer Suzeranität waren, dass die, im Gegensatz zu den Habsburgern, niedrig gesetzten Steuern pünktlich gezahlt werden, nicht zuwider der Hohen Pforte regiert wird, über Vorgänge nach Konstantinopel berichtet wird und militärisch Unterstützung zu leisten ist.[11] In die innenpolitischen Zustände und Vorgänge mischten sie sich nicht ein. In diesem Zuge entwickelte sich in Siebenbürgen nach 1541 ein Staatsapparat der auf der mittelalterlichen „brüderlichen Union" der drei *natibattan* basierte. Alle drei Stände der Adelskomitate, Sachsen und Szekler blieben in ihrer inneren Verwaltung autonom und hatten eigene Selbstverwaltungsorgane wie beispielsweise der Sächsischen Nationsuniversität. Gesetze und Beschlüsse, die Gesamtsiebenbürgen betrafen, wie oftmals Fragen der Grenzsicherung, hatten nur Wirksamkeit, wenn alle drei Stände und der

---

[6] Vgl. Gerald, Siebenbürgen, S. 13.
[7] Vgl. Harald Roth, Kleine Geschichte Siebenbürgens, Köln 1996, S. 49.
[8] Roth, Siebenbürgen, S. 52.
[9] Vgl. Arens, Siebenbürgen, S. 28.
[10] Vgl. ebd. S. 22.
[11] Vgl. Gerald, Siebenbürgen, S. 500.

gegenwärtige Landesherr zustimmten.[12] Des Weiteren verstand sich Siebenbürgen als ein Wahlreich, dessen Kandidaten meist aus den *Partes* kamen. In die Auswahl der Kandidaten mischte sich der Sultan nicht ein, jedoch war die Wahl des neuen Fürsten erst nach „Anerkennung und Belehnung durch den Padischah" abgeschlossen.[13]

Darüber hinaus findet die Redewendung „der Türke ist der Lutherischen Glück" auch Zuspruch bezüglich des Fürstentums Siebenbürgen. Die Strömungen der reformierten Kirchen fanden in Siebenbürgen enormen Zulauf, sodass gegen Ende des 16. Jahrhunderts rund neunzig Prozent der Bevölkerung dem Calvinismus, Unitarismus oder dem lutherischen Glauben angehörten.[14] Geschützt vor habsburgischem Einfluss unter der Ägide der Osmanen wurde in den 1550er Jahren die Glaubensfreiheit gesetzlich festgelegt. Hierbei wurden die, mit den Katholiken und den protestantischen Strömungen, vier „rezipierten" Konfessionen anerkannt und freie Religionsausübung gewährt. Die orthodoxe Kirche, verbreitet unter den ansässigen serbischen Raizen und den Rumänen, wurde lediglich toleriert. Wie Roth ausführt, sollte die Religionsfreiheit nicht mit „einer vollen Anerkennung der jeweils anderen Bekenntnisse", sondern mehr mit „einem duldsamen Nebeneinander" verglichen werden.[15] Dennoch stellen die Religionsfreiheit in Siebenbürgen und das Maß an Toleranz gegenüber anderen Konfessionen ein Novum für das christliche Europa dar.[16] Außerdem war die Religionsfreiheit der entscheidende Faktor der das Fürstentum Siebenbürgen für den Großteil der Zeit das Bündnis mit den *Hostis naturalis totius Christianitatis* einer habsburgischen Suzeränität bevorzugen ließ.[17]

Schließlich wurde die Anerkennung der Oberhoheit Konstantinopels 1594 mit dem Beitritt Siebenbürgens auf die Seite der Habsburger beendet. Der Fürst von Siebenbürgen, Sigismund Báthory, sicherte sich mit dem Prager Bündnisvertrag die vollständige Anerkennung Siebenbürgens als Fürstentum unabhängig von der ungarischen Krone. Gleichzeitig wurde Siebenbürgen dadurch zu einem der Hauptaustragungsorte für den Langen Türkenkrieg (1593-1606).[18] Die langjährigen Stellungskämpfe zwischen den Osmanen und den Habsburgern destabilisierten zutiefst das siebenbürgische Ständesystem. Während dieser Auseinandersetzungen besetzten wiederholt habsburgische Truppen Siebenbürgen bis sich im

---

[12] Vgl. Roth, Siebenbürgen, S. 50f.
[13] Arens, Siebenbürgen, S. 30.
[14] Vgl. Gerald, Siebenbürgen, S. 496. Für die religionspolitischen Zustände in den osmanisch regierten Gebieten Ungarns vgl. ebd. S. 496ff.
[15] Roth, Siebenbürgen, S. 54.
[16] Vgl. Arens, Siebenbürgen, S. 26.
[17] Vgl. István Hiller, Die Rolle des Osmanischen Reiches in der europäischen Politik zur Zeit des Westfälischen Friedens, in: Historische Zeitschrift. Beihefte 26 (1998), S. 393-404, S. 393.
[18] Vgl. Gerald, Siebenbürgen, S. 193.

6

Jahre 1601 Michael der Tapfere, der Woiwode der Walachei, die Herrschaft des Fürstentums sichern konnte. Der Anerkennung durch Kaiser Rudolf II. folgte nach einer kurzen Zeit die Ermordung. Nach kurzzeitigen Wirren fiel letztendlich die Herrschaft Siebenbürgens auf die habsburgischen Generäle, die in den fünf Jahren bis zum Aufstand Stephan Bocskays 1606 als Statthalter Siebenbürgens fungierten.[19]

3. Der Bocskay-Aufstand aus osmanischer Perspektive

Die Versuche der Habsburger Generäle Siebenbürgen stärker an die monarchische Macht anzubinden und tiefgreifenden Rekatholisierungsmaßnahmen durchzuführen blieb nicht ohne Opposition aus den Ständen. Diese antihabsburgischen Bewegungen unter der Führung Moses Székelys, bis 1603, wurden von Istanbul unterstützt. Ebenso wurden der Aufstand Bocskays von Anfang an begrüßt und bestärkt. In dem Fall von Székely erhoffte sich die Hohe Pforte womöglich in erster Linie militärische Unterstützung, die zum Sieg im sich hinziehenden Krieg beitragen sollte.[20] Im Jahre 1604 als Bocskay mit seiner Heiduckenarmee gegen die Habsburger marschierte, hatten sich die Umstände für das muslimische Großreich verändert. Ein Jahr zuvor brach der Krieg mit den schiitischen Safawiden aus. Die persische Armee schritt bis nach Anatolien voran und bereitete dem osmanischen Reich zunehmend Probleme.[21]

Zu den zwei Fronten im Osten und Westen kam im selben Jahr hinzu, dass Sultan Mehmed III. verstarb und sein 13-jähriger Sohn, Ahmed I., die Macht übernahm. Den Kriegen an beiden Enden des Reiches und den wachsenden inneren Problemen der Inflation, Korruption und zunehmenden Einfluss der Janitscharen und Soldaten sah man den jungen Herrscher nicht gewachsen.[22] Nach Rill war Ahmed I. „noch nicht einmal beschnitten, überdies als ein Produkt der hermetisch abgeschlossenen Erziehung im Serail von Haus aus unfähig zu Krieg und Verwaltung."[23] In dieser Lage war die Hohe Pforte eher friedensgeneigt und dazu bereit Gespräche und Verhandlungen mit den Habsburgern aufzunehmen.

---

[19] Vgl. Roth, Siebenbürgen, S. 60.
[20] Vgl. Gerald, Siebenbürgen, S. 252. In diesem Rahmen lässt sich Székely vom spärlich besetzten Landtag zum Fürsten wählen, ordnet sich wieder den Osmanen unter und revidiert jegliche Abkommen mit den Habsburgern.
[21] Vgl. Rill, Bruderzwist, S. 64.
[22] Vgl. Arens, Siebenbürgen, S. 18.
[23] Rill, Bruderzwist, S. 108.

Schließlich waren die wiederholten Friedensverhandlungen nicht zielführend und kurz danach fing Bocskay an mit den Osmanen zu korrespondieren. Die sich anbahnende Revolte kam den Osmanen in dieser Zeit sehr gelegen und sie hofften, dass „ihnen nun der Sieg über den Kaiser spielend in den Schoß fallen würde."[24] Es scheint, als ob Bocskay Hoffnungsträger weitreichender Ambitionen war, die in der innen- und außenpolitisch beklagenswerten Lage der Hohen Pforte zumindest im Westen des Reiches Abhilfe sorgen sollte. Als Vasall sollte Bocskay die direkte Auseinandersetzung mit den habsburgischen Truppen übernehmen und vor allem militärisch die Osmanen entlasten. So versteht sich auch die folgende Erhebung Bocskays zum König mit dem Ziel nicht nur Siebenbürgen, sondern auch „den habsburgisch regierten Teil Ungarn zu erobern und ihn im Namen des Sultans zu beherrschen."[25] Der Aufstand Bocskays kündigt sich für die Osmanen erfreulicherweise in einer politisch schwierigen Lage an und wird vermutlich als Rückhalt gesehen, um sich den Problemen im Inneren und Osten zu widmen. Dementsprechend unterstützen die Osmanen Bocskay von Beginn an enorm und tragen maßgeblich zur Ausbreitung des Aufstands bei.[26]

4. Der Bocskay-Aufstand aus habsburgischer Perspektive

Mit der Übernahme der Herrschaft in Siebenbürgen traten die Habsburger, zumindest einen weiteren Teil, des aus ihrer Sicht rechtmäßigen Erbes in Ungarn an. Kaiser Rudolf II. strebte in Siebenbürgen die Errichtung „einer östlichen Bastion gegen die Türken".[27] Rudolf nahm sich der kaiserlichen Aufgabe der „Türkenabwehr" besonders an und versuchte mit weiträumigen Plänen den Sieg herbeizuführen.[28] Zumindest die notwendige Finanzierung der Armee wurde im Reich durch die Römermonate gewährleistet, die an Reichstagen auch von den protestantischen Fürsten bewilligt wurde.[29] Im christlichen Europa hingegen fand sein Ruf zur Koalition gegen die Hohe Pforte keine Resonanz. So bemühte sich der Kaiser um Frankreichs Mitwirkung am Krieg. In Paris war man aber vielmehr damit beschäftigt die

---

[24] Gerald, Siebenbürgen, S. 284.
[25] Gertrude von Schwarzenfeld, Rudolf II. Ein deutscher Kaiser am Vorabend des Dreißigjährigen Krieges, 2. Aufl. München 1979, S. 198.
[26] Vgl. Rill, Bruderzwist, S. 118.
[27] Schwarzenfeld, Rudolf II., S. 195.
[28] Vgl. Robert J. W. Evans, Rudolf II and his World. A study in intellectual history 1576-1612, Oxford 1973, S. 78.
[29] Vgl. Karl Otmar von Aretin, Das Heilige Römische Reich und die Türkenkriege, in: Acta Historica Academiae Scientarum Hungaricae 33, 2 (1987), S. 361-366, S. 363. Hierzu meint von Aretin, dass die Protestanten im Reich die Römermonate, beeinflusst von Luthers Schrift „Vom Krieg wider die Türken" beeinflusst, billigten.

Habsburger und Osmanen gegeneinander auszuspielen und Pläne für ein Europa unter Frankreichs Führung zu schmieden.[30] In der Hinsicht kam Heinrich IV., der König von Frankreich, „eher als Bundesgenosse des Sultans als der des Kaisers in Betracht.“[31] Ebenso wollte man in England mit einer Partizipation am Krieg gegen Istanbul die Beziehungen zum Sultan nicht strapazieren. Zumal die Pläne zur Ausweitung des Levantehandels darunter leiden würden und man ebenso die Osmanen als Gegengewicht zu den habsburgischen Spaniern unterstütze.[32] Weitere Bemühungen Rudolfs um Unterstützung in Polen verliefen ergebnislos, da die polnische Führung zwischen Prag und Istanbul unentschlossen war. Gleichzeitig war Russland von inneren Unruhen geplagt und daher nicht in der Lage, dem Kaiser beizustehen.[33] Somit sah sich Rudolf II. in einer zunehmend isolierten Position. Seine „Hoffnung auf ein neues Lepanto“ - einer siegreichen Schlacht der christlichen Armeen vereint in einer Heiligen Liga – verlor zunehmend an Boden.[34] In seiner Eigenart, von der „melancholia“ befallen und zutiefst entscheidungsscheu, sehnte er vergeblich nach dem finalen Krieg gegen die Osmanen.[35]

Inwiefern die politischen Gegebenheiten und die Interessen der einzelnen Herrscher einem Bündnis gegen die Hohe Pforte im Weg standen oder, wie Kann behauptet, dass ein voranstehender Krieg mit den Osmanen in der Zeit Rudolf II. nicht mehr eine Vereinigung christliche Machthaber bedeutete, ist zwar diskutierbar.[36] Entscheidend für die Umstände in Ungarn ist jedoch, dass Rudolf II. für die Umsetzung seines Plans, der Vereinigung der christlichen Machthaber gegen den osmanischen Sultan, auf die Gunst der Kurie angewiesen war und auch dezidiert von päpstlicher Seite unterstützt wurde. Oftmals vermittelten die Nuntien zwischen Kaiser und Fürsten. Zudem verlieh die päpstliche Unterstützung dem Aufruf zum Krieg gegen die Osmanen die religiöse Legitimation.[37] Die Unterstützung der Kurie kam für Rudolf nicht ohne Gegenleistungen, sodass die Kirche auf die Gegebenheiten im Langen Türkenkrieg Einfluss hatte.

---

[30] Vgl. Schwarzenfeld, Rudolf II., S. 198f.
[31] Rill, Bruderzwist, S. 65.
[32] Vgl. ebd.
[33] Vgl. Schwarzenfeld, Rudolf II., S. 203ff.
[34] Ebd. S. 202.
[35] Vgl. Axel Gotthard, Der Dreißigjährige Krieg. Eine Einführung, Köln 2016, S. 16.
[36] Vgl. Robert A. Kann, Geschichte des Habsburgerreiches 1526 bis 1918 (Forschungen zur Geschichte des Donauraumes, Bd. 4), Wien 1990, S. 51. Nach Kann ändert sich dieser Umstand auch nicht durch die „Ausnahme der vorübergehenden, oft übertriebenen Bedeutung der Ereignisse von 1683.“ Vgl. ebd. Schwarzenfeld hingegen nimmt eine entgegengesetzte Position ein: „Das „Mißlingen des „großen Plans“ bestätigt jedoch nicht dessen utopischen Charakter.“ Schwarzenfeld, Rudolf II., S. 205.
[37] Vgl. Schwarzenfeld, Rudolf II., S. 203. Vor allem erhoffte sich Rudolf II., dass der Papst die italienischen Fürsten dazu bewegen würde, sich am Seekrieg gegen die Osmanen zu beteiligen. Vgl. ebd. S. 205.

Beispielsweise war die Auswahl der Generäle von Rudolfs Strategie für den Sieg gegen die Osmanen bestimmt. Obwohl er ursprünglich intendierte den, im Kampf gegen die Hohe Pforte erprobten und erfolgreichen, Feldmarschall Rusworm nach Siebenbürgen zu entsenden, entschied er sich für den päpstlichen Kandidaten. Die Gunst der Kurie hatte in diesem Fall den Vorrang. Mit dieser Entscheidung den vom Nuntius nachdrücklich geworbenen Kandidaten als Statthalter in Siebenbürgen einzusetzen, „wurden Rudolfs politische Ziele eng mit den Bestrebungen der Gegenreformation verknüpft."[38] Der italienische General Giorgio Basta handelte als Statthalter in Siebenbürgen in diesem Sinne und verbot als eine seiner ersten Amtshandlungen protestantische Predigten und verteilte Güter an Katholiken.[39] Dem folgten eine Reihe an Verboten und Veränderungen, welche die gelebte Gewissensfreiheit in Siebenbürgen drastisch einschränkten und den Protest der Stände auf sich zogen.

Die gegenreformatorischen Maßnahmen kulminierten im Preßburger Landtag, wo Rudolf „die Reinigung des Landes von der Ketzerei proklamiert hatte."[40] Mit dieser Proklamation wurden religiöse Klagen am Landtag verboten und alle Gesetze und Bestimmungen zur Glaubensfreiheit für nichtig erklärt. Außerdem wurden über die Übernahme und Umwandlung einiger protestantischer Kirchen in katholische Kirchen bestimmt. Hierbei ist schwierig einzuordnen, inwiefern sich Rudolf für die gegenreformatorischen Handlungen aus eigener Frömmigkeit oder im Sinne päpstlicher Diplomatie einsetzte.[41] Jedenfalls wollte er im Zuge dieser Maßnahmen auch Siebenbürgen umfassend im absolutistischen Sinne umgestalten und seiner Macht unterordnen. Die Bestimmungen des Preßburger Landtages sahen weiter vor, dass die Stände, durch das wiederholte oppositionelle und aufständische Verhalten, ihr Recht auf Selbstverwaltung verloren hätten. Siebenbürgen sollte eine absolutistische Landesverfassung mit dem Kaiser an der Spitze und, für ihre Treue zum Hause Habsburg bekannte, Deutschen in Schlüsselpositionen erhalten.[42]

Rudolfs Selbstanspruch eines „vollständigen Sieges über die Türken oder gar keinem" veranlasst ihn eine ehrgeizige und gewagte Strategie im Langen Türkenkrieg zu verfolgen.[43] Unabhängig davon wie realistisch die Pläne waren und das Misslingen von der ungünstigen

---

[38] Vgl. ebd. S. 195f. Rusworm steht später im Angesicht der Niederlagen der kaiserlichen Armeen gegen Bocskay wieder im Gespräch. Fällt jedoch den Intrigen am kaiserlichen Hof zum Opfer und wird per kaiserlichem Dekret hingerichtet. Hierzu vgl. ebd. S. 209-213.

[39] Vgl. ebd. 196.

[40] Hans Sturmberger, Aufstand in Böhmen. Der Beginn des Dreißigjährigen Krieges (Janus Bücher. Berichte Zur Weltgeschichte, Bd. 13), München 1959, S. 25.

[41] Vgl. Robert J. W. Evans, Das Werden der Habsburgermonarchie 1550-1700. Gesellschaft, Kultur, Institutionen, Wien 1979, S. 55.

[42] Vgl. Gerald, Siebenbürgen, S. 254f.

[43] Evans, Rudolf II., S. 78. „He desired a complete victory over the Turks or none at all."

politischen Lage abhing, sind Rudolfs Entscheidungen maßgeblich für die Ausbreitung des Aufstandes verantwortlich. Allen voran die Wahl der Statthalter und der Generäle, welche bedingt durch die päpstliche Korrespondenz ist, trägt zu dieser Entwicklung bei. Infolge der gegenreformatorischen und absolutistischen Bestrebungen fühlten sich die Stände von Siebenbürgen in ihren Rechten beschnitten, insbesondere in Bezug auf Religionsfreiheit und Selbstverwaltung. Diese Unzufriedenheit bildete den Nährboden für den Bocskay-Aufstand.

5. Der Bocskay-Aufstand aus der Perspektive Stephan Bocskays

In dem von Habsburg regierten Teil Ungarns war es üblich, dass die Magnaten eigene Privatarmeen zu Selbstverteidigungszwecken sowie für eigene Feldzüge unterhielten.[44] Der oberungarische Adelige und Biharer Großgrundbesitzer Stephan Bocskay kämpfte bemerkenswerterweise mit seinen Truppen in der Anfangsphase des Langen Türkenkrieges auf der kaiserlichen Seite. Im Jahre 1596 schlug er den Aufstand der Szekler, die den Kriegsbeitritt Siebenbürgens auf habsburgischer Seite protestierten, nieder. Zwei Jahre später nahm er den ungarischen Truppen den Eid auf Kaiser Rudolf II. als Landesherren und König von Ungarn ab.[45] Ebenso ging er mit Michael, dem Woiwoden der Walachei, in den Krieg gegen die Hohe Pforte und fügte den Osmanen eine schwere Niederlage zu.[46] Ferner wird er deshalb für diesen Lebensabschnitt als „der Vorkämpfer einer Zusammenarbeit mit der Kaisermacht" verstanden.[47] Dies sollte nicht zu verstehen geben, dass Bocskay zu der, besonders aus den Sachsen bestehenden, kleinen Gruppe ungarischer Adelige gehörte, die eine Herrschaft des Hauses Habsburg über Ungarn begünstigten.[48] Der zeitweilige Kapitän von Großwardein strebte, wie das Gros der ungarischen Adeligen, ein nationales Königtum Ungarn getragen von der *Natio Hungarica* an. Mit den absolutistischen und gegenreformatorischen Maßnahmen des Kaisers kam die Einsicht, dass Habsburg solchen Bestrebungen entgegengesetzt war und vielmehr versuchte Ungarn in den habsburgischen Reichverband einzugliedern.[49]

---

[44] Vgl. Arens, Siebenbürgen, S. 25.
[45] Vgl. Rill, Bruderzwist, S. 111.
[46] Vgl. Roth, Siebenbürgen, S. 60.
[47] Kann, Habsburg, S. 51
[48] Vgl. Arens, Siebenbürgen, S. 249.
[49] Vgl. Kann, Habsburg, S. 51.

Des Weiteren fiel Bocskay auch selbst der Politik der habsburgischen Generäle zum Opfer, die mit dem Vorwand weitere Aufstände einzudämmen viele protestantische Großgrundbesitzer enteigneten. Schon 1598 werden dem Calvinisten, Bocskay, mit derselben Begründung das Kommando über die Festung in Großwardein und die Güter entzogen. Vor diesem Hintergrund macht sich Bocskay auf den Weg nach Prag, um seine Empörung über die Umstände dem kaiserlichen Hof mitzuteilen. Womöglich mit guten Absichten und den Habsburgern noch gut gesinnt, wird er in Prag sechs Wochen eingesperrt.[50] Dieser Vorfall führte wohl für Bocskay zur persönlichen Entfremdung mit den Kaiserlichen. In seinen Memoiren soll Bocskay, nach Lencz, oft geschrieben haben, dass „er zum Bruch der Treue gegenüber dem König und zur Schilderhebung gezwungen worden sei."[51]

Ein weiterer Grund, warum sich Bocskay zum Aufstand verpflichtet gefühlt haben muss, ist dass, die Verwüstungen beider Kriegsparteien Ungarn in den Ruin führten. In dem von General Basta beherrschten Siebenbürgen kam es auf Grund von Plünderungen der Soldaten und der verringerten Ernten zu einer Hungersnot.[52] In Anbetracht der persönlichen Entfremdung mit den Habsburgern und der sich verschlechternden Lage Ungarns, und insbesondere Siebenbürgens, wandte sich Bocskay der Unterstützung der Osmanen zu und griff nach den Waffen gegen den Kaiser. Das Bündnis mit den Osmanen sah er als Mittel ein unabhängiges Siebenbürgen zu errichten, welches die gewohnte Religionsfreiheit und die ständische Selbstverwaltung gewähren sollten.[53] Die Bedeutung der Religionsfreiheit für den Aufstand sollte hierbei nicht in den Hintergrund geraten. Die Rekatholisierungsmaßnahmen der habsburgischen Generäle führten womöglich am stärksten dazu, dass die Bewegung Bocskays enormen Zulauf aus den siebenbürgischen Ständen fadnt. Nicht umsonst wurde Bocskay nach den ersten militärischen Erfolgen als *defensor religionis* gefeiert.

---

[50] Vgl. Rill, Bruderzwist, S. 112f.

[51] Géza Lencz, Der Aufstand Bocskays und der Wiener Friede. Eine kirchenhistorische Studie, Debreczen 1917, S. 86. Sehr hilfreiche ältere Forschungsliteratur, da sehr eng an Bocskays Memoiren und Quellen gearbeitet wird.

[52] Márta Fata, Ungarn, das Reich der Stephanskrone, im Zeitalter der Reformation und Konfessionalisierung. Mutliethnizität, Land und Konfession 1500 bis 1700 (Katholisches Leben und Kirchenreform im Zeitalter der Glaubensspaltung, Bd. 60), Münster 2000, S. 134.

[53] Vgl. Lencz, Aufstand Bocskay, S. 6f.

6. Schlussbetrachtungen

Der Bocskay-Aufstand im Fürstentum Siebenbürgen zu Beginn des 17. Jahrhunderts beruht auf einer Vielzahl von politischen, religiösen und sozio-ökonomischen Entwicklungen. Die komplexe Lage des Fürstentums, das zwischen den Einflüssen der Habsburger und Osmanen stand, prägte die politischen Dynamiken maßgeblich. Die politischen Unruhen in Siebenbürgen wurden durch die gegenreformatorischen Maßnahmen von Kaiser Rudolf II. und seinen habsburgischen Generälen verschärft. Der Versuch, Siebenbürgen in das Habsburgerreich zu integrieren und die damit einhergehende Unterdrückung der Religionsfreiheit, insbesondere der protestantischen Konfessionen, führten zu Unmut und Widerstand in der Bevölkerung. Schließlich wird ein Brief Bocskays, der die Kontakte zum osmanischen Reich und die Vorbereitungen der Revolte offenbart, von den habsburgischen Soldaten abgefangen und markiert den Beginn der militärischen Auseinandersetzungen.[54]

Der Bocskay-Aufstand selbst wurde von Stephan Bocskay initiiert, einem Magnaten aus dem oberungarischen Adel. Bocskay hatte zunächst auf Seiten der Habsburger gegen die Osmanen gekämpft, wurde jedoch aufgrund persönlicher Entfremdung und politischer Unzufriedenheit zum Bruch mit den Kaiserlichen getrieben. Die Unterstützung der Osmanen ermöglichte ihm, sich gegen die habsburgische Herrschaft zu erheben. Die religiöse Dimension spielte eine entscheidende Rolle, da die Religionsfreiheit in Siebenbürgen eine bedeutende soziale und politische Struktur bildete. Die gegenreformatorischen Maßnahmen der Habsburger führten zu einer starken Bindung der protestantischen Stände an Bocskay und trugen somit zur Legitimation des Aufstands bei. Der Bocskay-Aufstand hatte weitreichende Auswirkungen auf die geopolitische Situation in der Region. Der Wiener Frieden von 1606, der zwischen den Habsburgern und Bocskay geschlossen wurde, sicherte die territoriale Integrität Siebenbürgens und legte den Grundstein für eine gewisse Autonomie und religiöse Freiheit. Gleichzeitig zeigte der Wiener Frieden die enge Verflechtung der osmanisch-habsburgischen Ereignisse und trug zur Beendigung des Langen Türkenkrieges bei. Insgesamt verdeutlicht der Bocskay-Aufstand die Komplexität der politischen Verhältnisse im Fürstentum Siebenbürgen und deren Einbettung in die größeren Konflikte zwischen den Habsburgern und den Osmanen zu Beginn des 17. Jahrhunderts.

---

[54] Vgl. Rill, Bruderzwist, S. 114.

7. Quellenverzeichnis

Articles of the Peace agreed upon, between the Archduke Mathias, on the Emperours part, and the Deputies of the Lord Botzkay, and of other Lords of Hungarie on the other partie. In like manner, the Articles, and Conditions of Truce, set downe between the Emperour and the great Turke, for 15 years, In: (Hg.) Nathaniel Butter, London 1607.

8. Literaturverzeichnis

Arens, Meinolf, Habsburg und Siebenbürgen 1600-1605. Gewaltsame Eingliederungsversuche eines ostmitteleuropäischen Fürstentums in einen frühabsolutistischen Reichsverband (Studia Transylvanica, Bd. 27), Köln 2011.

Aretin, Karl Otmar von, Das Heilige Römische Reich und die Türkenkriege, in: Acta Historica Academiae Scientarum Hungaricae 33, 2 (1987), S. 361-366.

Evans, Robert J. W., Rudolf II and his World. A study in intellectual history 1576-1612, Oxford 1973.

Evans, Robert J. W., Das Werden der Habsburgermonarchie 1550-1700. Gesellschaft, Kultur, Institutionen, Wien 1979.

Fata, Márta, Ungarn, das Reich der Stephanskrone, im Zeitalter der Reformation und Konfessionalisierung. Mutliethnizität, Land und Konfession 1500 bis 1700 (Katholisches Leben und Kirchenreform im Zeitalter der Glaubensspaltung, Bd. 60), Münster 2000.

Gerald, Volkmer, Siebenbürgen zwischen Habsburgermonarchie und Osmanischem Reich. Völkerrechtliche Stellung und Völkerrechtspraxis eines ostmitteleuropäischen Fürstentums 1541-1699 (Schriften des Bundesinstituts für Kultur und Geschichte der Deutschen im östlichen Europa Bd. 56), München 2015.

Gotthard, Axel, Der Dreißigjährige Krieg. Eine Einführung, Köln 2016.

Hiller, István, Die Rolle des Osmanischen Reiches in der europäischen Politik zur Zeit des Westfälischen Friedens, in: Historische Zeitschrift. Beihefte 26 (1998), S. 393-404.

Kann, Robert A., Geschichte des Habsburgerreiches 1526 bis 1918 (Forschungen zur Geschichte des Donauraumes, Bd. 4), Wien 1990.

Lencz, Géza, Der Aufstand Bocskays und der Wiener Friede. Eine kirchenhistorische Studie, Debreczen 1917.

Puttkamer, Joachim von, Blicke auf ein gespaltenes Land. Die ungarische Nation und ihre Geschichte, in: Osteuropa 61, 12 (2011), S. 9-28.

Rill, Bernd, Kaiser Matthias. Bruderzwist und Glaubenskampf, Köln 1999.

Roth, Harald, Kleine Geschichte Siebenbürgens, Köln 1996.

Schwarzenfeld, Gertrude von, Rudolf II. Ein deutscher Kaiser am Vorabend des Dreißigjährigen Krieges, 2. Aufl. München 1979.

Sturmberger, Hans, Aufstand in Böhmen. Der Beginn des Dreißigjährigen Krieges (Janus Bücher. Berichte Zur Weltgeschichte, Bd. 13), München 1959.

BEI GRIN MACHT SICH IHR
WISSEN BEZAHLT

- Wir veröffentlichen Ihre Hausarbeit,
  Bachelor- und Masterarbeit

- Ihr eigenes eBook und Buch -
  weltweit in allen wichtigen Shops

- Verdienen Sie an jedem Verkauf

Jetzt bei www.GRIN.com hochladen
und kostenlos publizieren